Blunk ☞ Korswandt

AF189145

Manfred Blunk

775 Jahre

Korswandt

Ein Dorf im Wandel der Zeit

1243   2018

Korswandt auf der Ostseeinsel Usedom in Pommern könnte im Hochmittelalter (1050 bis 1250) gegründet worden sein. Als Szutoswantz wurde das Dorf erstmals 1243 urkundlich erwähnt (Manfred Niemeyer, „Greifswalder Beiträge zur Ortsnamenkunde"). Aus der Urkunde geht hervor, dass der Pommernherzog Barnim I. das Dorf Szutoswantz, den Bach Lassovnisza, den Wald bis zum Berg Szampisza und den Wolgastsee dem Kloster Stolpe an der Peene bei Anklam (heute nur noch Ruinenreste) geschenkt hat.

Korswandt zwischen Gothen- und Wolgastsee

Der Bach Lassovnisza sind die natürlich entstandene Bäck, in der Wasser aus dem Kachliner See durch das Thurbruch in den Gothensee abfließt und die ebenso entstandene Beek, die den Gothensee durch die Parchenniederung in die Ostsee entwässert. Welcher der Hügel rund um das Thurbruch damals Szampisza hieß, war nicht herauszufinden.

Der Name Szutoswantz deutet auf eine Slawensiedlung hin. Davon hat es viele auf Usedom gegeben. Die Bewohner der Dörfer sind hauptsächlich Ackerbauern und Viehzüchter gewesen. Da die Slawen sich gut auf die Zeidlerei verstanden, also darauf, den Honig der wilden Bienen im Wald zu ernten, könnte es auch in Szutoswantz Waldimker gegeben haben.

Zeidler im Mittelalter beim Honig ernten. Die Bienen wurden nicht in Bienenstöcken gehalten, sondern in von den Zeidlern geschlagenen Baumhöhlen (Beuten) im Wald.

Im Mittelalter war Honig – neben süßen Früchten – das einzige Süßungsmittel. Außerdem fiel bei der Honigernte noch Bienenwachs an, aus dem Kerzen hergestellt wurden. Mit Bienenhonig und Wachs haben die Slawen einen lebhaften Tauschhandel betrieben.

Auch auf das Jagen und Fischen verstanden sie sich, aber Jagd und Fischfang waren den Feudalherren sowie der Kirche mit ihren Klöstern vorbehalten und Wilderern drohten härteste Strafen. Doch nicht nur in Hungerjahren wird wohl so mancher arme Schlucker seinen Fisch gefangen und sein Wildbret verzehrt haben.

Mit der von den slawischen Greifenherzögen gewünschten Christianisierung Pommerns waren Holländer, Westfalen, Ostfriesen, Sachsen und Mecklenburger auf die Insel gekommen, im Gepäck manche neue Idee und den Eisenpflug. Sie hatten sich in den slawischen Dörfern angesiedelt oder neue gegründet.

Nach erbitterten Kämpfen gegen Dänen und Polen gaben norddeutsche Adlige im 13. Jahrhundert schließlich den Ton an auf dem Eiland, was mit der Zeit dazu führte, dass die slawischen sich zu deutschen Dörfern wandelten. So ist aus Szutoswantz irgendwann Coswantz geworden (Große Lubinsche Karte von 1618). An dem Wandel der Dörfer hatte auch die Kirche ihren Anteil. Ihr und ihren Klöstern gehörten bald viele Dörfer, Wälder und Seen auf der Insel Usedom.

Die Kirche gewann im Jahr 1390 einen Grenzstreit gegen den Adligen Reimar von Neuenkirchen, dem unter anderen die Orte Gothen und Mellenthin gehörten, sodass der Wolgastsee, um den gestritten wurde, beim Kloster Stolpe verblieb.

Coswantz, Zirchow und Senin wurden 1468 an das Kloster Pudagla verkauft. Senin war ein Dorf am Zerninsee zwischen Garz und Coswantz, gegründet 1277, von seinen Bewohnern aber 1468 aufgegeben. Nach dem Dorf wurde der Zerninsee benannt, der heute weithin verlandet ist.

Bauern bei der Fronarbeit, Holzschnitt von 1473.

Die freien, hörigen oder leibeigenen Bauern galten im Mittelalter als der „armselige und mühsame" Stand der „armen Leute", von denen die wenigen freien noch die wohlhabendsten waren.

In einer Beschreibung von 1545 heißt es: „Der vierte Stand ist derjenige der Menschen, die auf dem Feld sitzen und in Dörfern, Höfen und Weilern sitzen und Bauern genannt werden, weil sie das Feld bauen und zur Frucht bereiten. Diese führen gar ein schlecht und niederträchtig Leben. Es ist ein jeder von dem andern abgeschieden und lebt für sich selbst mit seinem Gesinde und Vieh. Ihre Wohnungen sind schlechte Häuser, von Kot und Holz gemacht und mit Stroh gedeckt. Ihre Speise ist schwarzes Roggenbrot, Haferbrei oder gekochte Erbsen und Linsen. Wasser und Milch ist fast ihr alleiniger Trank. Eine Zwilchjoppe, ein Paar Bundschuh und ein Filzhut ist ihre Kleidung. Diese Leute haben nimmer Ruhe. Früh und spät hangen sie der Arbeit an. Sie tragen in die nächste Stadt zu verkaufen, was sie übrig haben vom Felde oder von dem Vieh, und kaufen, was sie bedürfen; denn sie haben keine oder gar wenig Handwerksleute unter sich. Ihren Herren müssen sie oft das ganze Jahr hindurch dienen, das Feld bauen, säen, die Frucht abschneiden und in die Scheuer führen, Holz hauen und Gräben machen. Es giebt nichts, was das arme Volk nicht thun muß und aufschieben darf. Dies mühselig Volk der Bauern, Köhler und Hirten ist ein sehr arbeitsam Volk, das jedermanns Fußhader ist und mit Fronen, Zinsen, Steuern und Zöllen hart beschwert und überladen."

„Armselige" Bauern hat es sicherlich auch in Coswantz gegeben. Der Name des Ortsteils Köterende besagt, dass dort früher Köter, Kätner oder Kossäten wohnten, deren Anwesen so klein war, dass sie davon allein nicht leben konnten. Als Handwerker oder Tagelöhner mussten sie was dazuverdienen, zumal sie für die Überlassung des Hauses und des Grundstücks an den Grundherrn Zinsen in Form von Geld, Naturalien sowie Hand- und Spanndiensten zu zahlen hatten.

Besonders schwer war das Leben der Frauen. Sie arbeiteten gewöhnlich mehr als die Männer, bekamen oft an die zwanzig Kinder und hatten zu verkraften, dass von ihren Sprösslingen viele schon im Kindesalter starben. Die Lebenserwartung der Bauern betrug zu Beginn des Mittelalters kaum mehr als dreißig und an seinem Ende um die fünfzig Jahre.

Dem Bischof Otto von Bamberg war es 1128 im zweiten Anlauf gelungen, die Slawen auf der Insel Usedom zum Christentum zu bekehren. Zu der Zeit war die römisch-katholische Kirche schon reich und mächtig. In beträchtlichem Maße hatte der Ablasshandel zum Reichtum des Heiligen Stuhls beigetragen. Die sakrale Geldschneiderei funktionierte so: Wenn der Mensch starb, stieg nach kirchlichem Dogma seine Seele zum Himmel auf. Hatte er jedoch gesündigt – wie wohl die meisten –, musste sie im Fegefeuer die irdischen Sünden büßen, bevor sie in den Himmel kam.

Es sei denn, der Sünder kaufte von der Kirche einen Ablassbrief, der ihm einen Teil oder sogar alle seine Sündenstrafen erließ. Mit solchen Briefen trieb der Klerus einen lukrativen Handel. Dem sächsischen Dominikanermönch und Ablassprediger Johann Tetzel wird der Satz zugeschrieben: „Sobald das Geld im Kasten klingt, die Seele in den Himmel springt."

Durchs Land ziehende Ablassprediger verkaufen Ablassbriefe, Holzschnitt um 1510.

Doch einige Kleriker sahen im Ablasshandel und der pompösen Entwicklung ihrer Kirche ein Abweichen von der Christenlehre, wie sie die Bibel verkündet. Besonders der Augustinermönch und Professor der Theologie an der Universität zu Wittenberg, Dr. Martin Luther, forderte, unter anderem mit seinen berühmten 95 Thesen, die römisch-katholische Kirche zu reformieren, was schließlich zum Protestantismus und zur Kirchenspaltung führte.

Der pommersche „Luther" hieß Johannes Bugenhagen. Er stammte von Usedoms Schwesterinsel Wollin und war Schuldirektor in Treptow an der Rega. Mit Gleichgesinnten verbreitete Bugenhagen Luthers reformatorisches Gedankengut an vielen Orten des Landes. 1534 ist die Reformation im Herzogtum Pommern eingeführt worden.

Die umfangreichen Klosterbesitzungen wurden 1535 säkularisiert und fielen den pommerschen Herzögen anheim. Coswantz musste zusammen mit anderen Dörfern nun für die Domäne Cutzow Frondienste leisten. Immer mehr Bauern gerieten in Abhängigkeit von den Feudalherren. Mit der Zeit entstand ein Junker- und Beamtenstaat dessen Landbevölkerung vor allem aus Leibeigenen bestand.

Bauern liefern Abgaben an den Grundherrn ab, Holzschnitt aus dem 15. Jahrhundert.

Hier und da haben sich die Bauern aber bisweilen gegen die Obrigkeit aufgelehnt, das führte 1523 zum Deutschen Bauernkrieg. Dessen bedeutendster Führer war der Pfarrer Thomas Müntzer aus Mühlhausen. Bis Norddeutschland ist der Aufstand aber nicht vorgedrungen.

Zu dem armseligen und mühsamen Leben der Bauern kam noch manche Plage. Auf Missernten folgten Hungersnöte, Raubritter des verarmten niederen Adels machten das Land unsicher und immer wieder hatten die Menschen unter Kriegen zu leiden.

Seit 1618 führte die kaiserlich-katholische Armee des Oberbefehlshabers Wallenstein Krieg gegen die protestantischen „Ketzer". Das evangelische Pommern hatte versucht, sich aus dem Konflikt herauszuhalten, doch das war nur eine Zeit lang gelungen. Im Herbst 1627 drang die kaiserliche Streitmacht in Pommern ein und bezog auch auf Usedom Quartier. Bald waren Plünderungen und Gewalttaten einquartierter sowie durchziehender Truppen an der Tagesordnung. Das ging so manches Jahr.

Am 3. Juli 1630 griff Schweden in den Krieg ein, König Gustav II. Adolf landete mit seinen Soldaten bei Peenemünde auf der Insel Usedom. Der Krieg wogte hin und her, immer mehr Not und Elend verbreitend. Als er 1648 endlich zu Ende ging, war Pommern ein verwüstetes Land und hatte mehr als die Hälfte seiner Bevölkerung verloren, woran nicht nur der Krieg, sondern auch die eingeschleppte Pest schuld war.

Plündernde Landsknechte im Dreißigjährigen Krieg

Der bedeutendste deutsche Erzähler des 17. Jahrhunderts, Hans Jakob Christoffel von Grimmelshausen, hat in seinem Roman *Der abenteuerliche Simplicissimus Teutsch* ausführlich beschrieben, wie die kaiserliche Soldateska unter der protestantischen Bevölkerung gewütet hat:

„Das erste, das diese Reuter taten, war, daß sie ihre Pferd einstellten, hernach hatte jeglicher seine sonderbare (besondere) Arbeit zu verrichten, deren jede lauter Untergang und Verderben anzeigte, denn obzwar etliche anfingen zu metzgen (schlachten), zu sieden und zu braten, daß es sahe, als sollte ein lustig Bankett gehalten werden, so waren hingegen andere, die durchstürmten das Haus unten und oben, ja das heimlich Gemach war nicht sicher, gleichsam ob wäre das gülden Fell von Kolchis darinnen verborgen. Andere machten von Tuch, Kleidungen und allerlei Hausrat große Päck zusammen, als ob sie irgends ein Krempelmarkt anrichten wollten; was sie aber nicht mitzunehmen gedachten, wurde zerschlagen, etliche durchstachen Heu und Stroh mit ihren Degen, als ob sie nicht Schaf und Schwein genug zu stechen gehabt hätten; etliche schütteten die Federn aus den Betten, und fülleten hingegen Speck, andere Dürrfleisch und sonst Gerät hinein, als ob alsdann besser darauf zu schlafen gewesen wäre. Andere schlugen Ofen und Fenster ein, gleichsam als hätten sie ein ewigen Sommer zu verkündigen; Kupfer und Zinnengeschirr schlugen sie zusammen, und packten die gebogenen und verderbte Stück ein; Bettladen, Tisch, Stühl und Bänk verbrannten sie, da doch viel Klafter dürr Holz im Hof lag. Häfen (Töpfe) und Schüsseln mußte endlich alles entzwei, entweder weil sie lieber Gebraten aßen, oder weil sie bedacht waren, nur ein einzige Mahlzeit allda zu halten. Unser Magd ward im Stall dermaßen traktiert, daß sie nicht mehr daraus gehen konnte, welches zwar eine Schand ist zu melden! den Knecht legten sie gebunden auf die Erd, stecketen ihm ein Sperrholz ins Maul, und schütteten ihm einen Melkkübel voll garstig Mistlachenwasser in Leib: das nenneten sie ein schwedischen Trunk, wodurch sie ihn zwungen, eine Partei anderwärts zu führen, allda sie Menschen und Viehe hinwegnahmen, und in unsern Hof brachten, unter welchen mein Knan (Vater), mein Meuder (Mutter) und unser Ursele auch waren."

Ob solcherart Schicksal zu der Zeit auch Coswantz erleiden musste, wird wohl im Dunkeln der Geschichte verborgen bleiben.

Marodeure, Radierung von Hans Ulrich Franck 1645.

Der „Westfälische Frieden" hatte 1648 den Dreißigjährigen Krieg beendet. Pommern wurde geteilt. Das westliche Vorpommern mit den Ostseeinseln Usedom und Wollin fiel an Schweden, das östliche Hinterpommern an Brandenburg.

Nun hieß das nicht, dass die Coswantzer jetzt schwedisch lernen mussten, die sprachen weiterhin deutsch oder genauer gesagt plattdütsch. Sverige gewährte Vorpommern, das dort Südschweden genannt wurde, weitgehende Selbstverwaltung; das Finanzwesen war allerdings in schwedischer

Hand. Eigentlich wurde „Südschweden" nur für die Realisierung der Großmachtpläne Schwedens gebraucht. Bei Auseinandersetzungen mit allen möglichen Rivalen diente Vorpommern dem schwedischen Militär als Aufmarschgebiet.

Vorpommern – Südschweden – 1648 bis 1720

Und da ging es schon bald zur Sache: Von 1655 bis 1660 kämpfte Schweden gegen Polen-Litauen um die Vorherrschaft im Baltikum, vierzehn Jahre später, 1674 bis 1679 gegen Brandenburg. Schließlich hatte sich Schweden von 1715 bis 1721 der Angriffe einer dänisch-preußisch-sächsischen Koalition zu erwehren. Und immer mittendrin das geschundene Pommern. Schweden soll von 1648 bis 1720 sogar an die 35 Kriege geführt haben.

Aber 1720 war die Vormachtstellung Schwedens im Ostseeraum gebrochen. Nach dem Frieden von Stockholm bestand Schwedisch-Pommern nur noch aus Vorpommern nördlich der Peene und der Insel Rügen. Vorpommern südlich der Peene mit den Oderinseln und Stettin wurde preußisch. Somit endete auch für Coswantz, das seit 1709 Corswandt hieß (Manfred Niemeyer), die Schwedenzeit.

Preußischer Grenadier um 1715

Die Corswandter und alle anderen Menschen in Pommern konnten erst mal aufatmen: endlich kein Krieg mehr. Dabei hatte ihr Preußenherrscher in Potsdam den Beinamen Soldatenkönig; dennoch war ihm an einer friedlichen Entwicklung seines neuen, in der Schlacht dazugewonnenen, Gebietes, durchaus gelegen. Immerhin hatte er trotz seines Sieges für die Inseln Usedom und Wollin zwei Millionen Taler bezahlen müssen.

Das Geld war aber gut angelegt. Größere Schiffe, die Stettin ansteuerten oder von dort kamen, mussten durch die Peene schippern. In Wolgast saßen aber die Schweden und kassierten Zoll. Also kam man schnell auf den Gedanken, die Swine auszubauen. So ist schließlich der Swinemünder Hafen und mit ihm die Stadt entstanden. Doch das dauerte seine Zeit. Erst als 1740 der Sohn des Soldatenkönigs, Friedrich II., den Hut – Pardon! – die Krone aufhatte, kam der Hafenbau zügig voran.

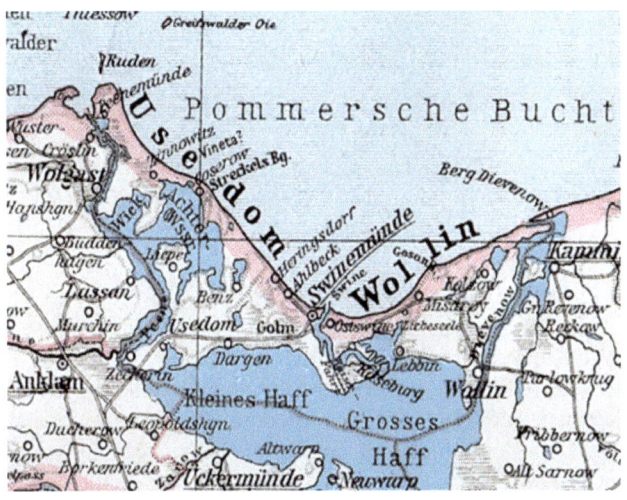

Die Odermündung, von links: Peene, Swine, Dievenow.

Der Hohenzoller Friedrich II. hatte aber das österreichische Schlesien erobert und sich so mit den Habsburgern angelegt. Danach kam es 1756 zum Siebenjährigen Krieg, in dem die Schweden auch wieder munter mitmischten, die Inseln besetzten und versuchten, den Schiffsverkehr auf der

Swine zu verhindern. Nach einigem Hin und Her verein-
barten Schweden und Preußen jedoch 1762 im Frieden von
Hamburg, den Vorkriegszustand wieder herzustellen. Der
Hafenbau in Swinemünde war durch den Krieg allerdings
stark beeinträchtigt worden.

Swinemünde, am Bollwerk.

Abgesehen von seinen Kriegen war der Alte Fritz aber ein
Segen für die Insel Usedom und für Corswandt. Schon sein
Vater hatte damit begonnen, das Thurbruch entwässern zu
lassen, um für die Bauern der Umgebung Weideland zu ge-
winnen. Die Melioration wurde unter Friedrich II. intensi-
viert. Im Zusammenhang mit der Weidelandgewinnung ließ
er 1774 auf dem „Campe zu Chorshwant" für dreißig Familien aus Mecklenburg und Schwedisch-Vorpommern die
Moorkolonie Ulrichshorst errichten.

Den Förster Meisner zu „Corschwant" hat er 1780 per
Brief angewiesen, in den Wäldern preußische Ordnung herzustellen: „So befehlen Höchstdieselben dem Förster Meisner zu Corschwant hierdurch auf das nachdrücklichste, in
denen ihm anvertrauten Revieren die noch fehlende Abtheilung der Schläge und Schonungen, sofort und ohne allen

Zeitverlust in Ordnung zu bringen und die ergangenen Ordres wegen Anbau und Anpflanzung aller Sorten jungen Holtzes, vorzüglich des Eichen Holtzes pflichtmäßig zu besorgen, und darauf allen Fleiß und Mühe zu verwenden."

Vielleicht hat Förster Meisner den königlichen Befehl befolgt, es gibt in Korswandt links und rechts des Waldweges zum Zernin jedenfalls immer noch die sogenannten Eickreign (Eichenreihen).

Die Moorkolonie 2014. Auf Geheiß Friedrich II. von dem Geheimen Finanzrat Franz Balthasar Schönberg von Brenckenhoff angelegt, wurde sie nach dem Geheimen Domänenrat Ulrich, seinem Mitarbeiter, Ulrichshorst genannt.

Ein bleibendes Denkmal hat der Alte Fritz sich beim Kampf gegen den Hunger gesetzt. Als 1746 in Pommern eine Hungersnot herrschte, forderte der König die Bauern auf, Kartoffeln anzubauen. Aber anfangs wusste keiner mit den Erdäpfeln was rechtes anzufangen. Der Kolberger Seefahrer Joachim Nettelbeck schreibt in seiner Lebensgeschichte: „Das

Jahr nachher erneuerte der König seine wohltätige Spende durch eine ähnliche Ladung. Allein diesmal verfuhr man dabei höheren Orts zweckmäßiger. Es wurde zugleich ein Reiter mitgeschickt, der als geborener Schwabe des Kartoffelbaus kundig war. Er war den Leuten bei der Auspflanzung behilflich und besorgte ihre weitere Pflege. So kam also diese neue Frucht zuerst ins Land und hat durch immer vermehrten Anbau seitdem kräftig dazu beigetragen, daß nie wieder eine Hungersnot so allgemein und drückend bei uns hat um sich greifen können. Dennoch erinnere ich mich gar wohl, daß ich erst volle vierzig Jahre später, also 1785 etwa, bei Stargard zu meiner Verwunderung die ersten Kartoffeln im freien Felde ausgesetzt gefunden habe."

Die Rundschreiben Friedrich II. zum Kartoffelanbau in Preußen sind als Kartoffelbefehle in die Geschichte eingegangen; im ganzen gab es mindestens fünfzehn davon.

Der Alte Fritz inspiziert den Kartoffelanbau, Gemälde von Robert Wartmüller.

Doch nach den „fetten Jahren unter Friedrich II.", wie Wilhelm Ferdinand Gadebusch in seiner *Chronik der Insel Usedom* von 1863 schreibt, besuchte Monsieur Napoleon mit seinen Soldaten das Eiland, was die Gastfreundschaft der Usedomer ziemlich strapaziert hat. Aufgestiegen in der Französischen Revolution von 1789, hatte der korsische Draufgänger sich in den Kopf gesetzt, das feudale Europa aufzumischen. Nun ist aber Revolutionsexport so eine Sache; doch der forsche Korse hat in Preußen immerhin die Reformer Freiherr vom Stein und Karl August von Hardenberg zum Zuge kommen lassen. Da ging dann auch die Leibeigenschaft der Bauern allmählich zu Ende.

Über den Einmarsch der Franzosen 1806 schreibt Gadebusch: „Darnach rückten Anfangs November französische Truppen in nicht geringer Zahl auf die Insel; sowohl die Städte als viele Dörfer wurden damit belegt, selbst an entlegenen Orten fanden sich Franzosen auf längere oder kürzere Zeit ein. Ihr Befehlshaber auf Usedom war eine Zeit lang General Ruby, der in Swinemünde sein Quartier aufschlug. Außer der Truppen-Verpflegung fanden mancherley Requisitionen statt, Naturalien und andere Bedürfnisse für die Truppen mußten unnachsichtig beschafft werden. Daneben begann die Aufbringung der dem ganzen Lande auferlegten unerschwinglichen Kriegssteuer. Solche drückenden Lasten dauerten nicht allein im folgenden Jahre fort, sondern wurden durch häufige Durchmärsche noch erhöht. Auch ein Kriegslärm kam auf der Insel vor, als im Frühjahr plötzlich eine kleine Abtheilung des Schillschen Streif-Corps, welche von Colberg aus dem feinde Abbruch that, einen Ueberfall der Franzosen in Swinemünde versuchte, der aber nach kurzem Straßen-Kampf bey der Ueberlegenheit der Letzteren ohne Erfolg blieb."

Und 1807 nach dem Frieden von Tilsit: „Im Sommer war nach dem Tilsiter Friedensschluß zwar Waffenruhe eingetreten, darum hörten aber die Durchmärsche noch nicht auf. Erfreulich für das Pommersche Herz war es in Folge des Friedens darunter Landsleute zu sehen, nemlich das preußische Corps, welches unter General Blüchers Befehl, aus Stralsund kommend, mehrere Tage über die Insel nach Hinterpommern zog. Blüchers Name hatte schon damals einen guten Klang. Am 24. July langte Blücher mit seinem General-Stabe an der Spitz einer Schar, worunter sich auch Schill befand, mit klingendem Spiel in Swinemünde an; die Straße, wo der tapfere Held, freudig begrüßt, seinen Einzug hielt, führt seitdem den Namen »Blücher-Straße«.

Noch im Dezember fanden starke Durchmärsche fremder Truppen auf Usedom statt, erst im folgenden Jahr 1808 blieb die Insel davon verschont, ihre Besatzung durch feindliche Commandos dauerte aber noch fort."

Nach etlichen schnellen Siegen, endete Napoleons Russlandtrip 1812 schließlich im brennenden Moskau. Seine Niederlage im Zarenreich führte 1813 zu den Befreiungskriegen. Wenn auch zögerlich, begann Preußens König Friedrich Wilhelm III. sich von den Franzosen zu lösen und bald kämpfte „Lützows wilde verwegene Jagd" gemeinsam mit den preußischen Truppen unter Generalfeldmarschall Blücher, ehrenvoll Marschall Vorwärts genannt, an der Seite des russischen Heeres gegen die Soldaten des korsischen Usurpators.

Auch Corswandter und Ulrichshorster hatten dazu beigetragen, dass die Franzosen 1813 endlich die Insel verließen.

Lützows wilde verwegene Jagd

Blücher an der Katzbach, Gemälde von W. Schmidt.

Am 18. Juni 1815 verlor Napoleon bei Waterloo das letzte Gefecht gegen die alliierten Truppen General Wellingtons und die preußische Armee unter Feldmarschall Blücher.

Wellington und Blücher nach der Schlacht bei Waterloo

Der Chronist schreibt dazu: „Nicht gering war die Zahl der Insulaner, welche auf den Schlachtfeldern einen rühmlichen Tod fanden. Auch den Landsturm sah man auf Usedom in Uebung und Thätigkeit, so lange Stettin sich in französischen Händen befand; erst im Dezember 1813 erfolgte die Uebergabe an Preußen, nachdem es sieben Jahre vom Feinde besetzt gewesen.

In den Jahren 1814 und 1815 wurden nach den Siegen der Preußen Dankfeste für die Leipziger Schlacht, die Eroberung von Paris und den Friedensschluß gefeiert, die das Herz jedes Vaterlandsfreundes mit Freude erfüllten. An den letzten Pariser Frieden von 1815 knüpfte sich die Vereinigung des schwedischen Pommern mit Preußen, womit nicht nur das ganze Pommerland unter preußischen Scepter gelangte, sondern auch eine in mancher Beziehung für die Bewohner des beiderseitigen Peene-Ufers stöhrende Scheidewand fiel."

Langsam ging es wieder aufwärts mit der in den Kriegen so arg geschröpften Insel Usedom. Nach der Verwaltungsreform in Preußen von 1816 gehörte Corswandt ab 1818 zum Landkreis Usedom-Wollin mit der aufstrebenden Kreisstadt Swinemünde.

Oberforstmeister und Rittergutsbesitzer Georg Bernhard von Bülow ließ 1818 etwa sieben Kilometer westlich von Swinemünde unmittelbar an der Küste eine kleine Fischersiedlung anlegen, die später den Namen Heringsdorf erhielt. Nicht lange danach gesellten sich zu der Siedlung drei Logierhäuser, ein Gesellschaftshaus und ein Warmbad. So entstand das Seebad Heringsdorf, das 1825 den Badebetrieb aufnahm.

In Swinemünde wurde 1822 die erste Seebadeanstalt eröffnet, hier begann der Badebetrieb schon 1824, der in beiden Orten rasch zunahm. Vor allem der Adel und das Militär fuhren in die Sommerfrische.

Nach und nach nahmen weitere Küstenorte den Badebetrieb auf, etwa das Fischerdorf Ahlbeck und später das neu entstandene Seebad Bansin. Bald besuchte auch das besser betuchte Bürgertum die jungen Seebäder, vor allem aus Berlin und Stettin. Viele berühmte Leute und sogar der eine oder andere Kaiser mit seiner Familie kamen in die Badeorte. Ahlbeck, Heringsdorf und Bansin nennen sich deshalb heute Kaiserbäder. Mit dem Aufblühen Usedoms zur Bäderinsel ist im Laufe der Zeit die berühmte Bäderarchitektur entstanden.

Wie um 1862 die Dörfer im Achterland beschaffen waren, hat Wilhelm Gadebusch im Anhang seiner Chronik festgehalten:

„**Corswandt**, ein Bauerdorf, ½ Meile westwärts von Swinemünde an der Friedrichsthalschen Forst belegen und nach Zirchow eingepfarrt, hat eine Vereinschule mit Ulrichshorst gemeinschaftlich, 2 Bauerhöfe, 3 Kossäthenhöfe, 27 Büdner, eine ehemalige Königliche Oberförsterey und eine noch bestehende Königliche Unterförsterey. Das Areal ist zum Theil nur nach der schwedischen Vermessung von 1693 bekannt und wird 1200 Morgen in Mittel- und Sandboden erreichen, letzterer ist jedoch überwiegend. Die beiden Bauerhöfe sind mit der ehemaligen Oberförsterei zu einer größeren Besitzung vereinigt. An Wohnhäusern sind 33 mit 332 Einwohnern vorhanden.

Ulrichshorst, eine Colonie im Thurbruch, ½ Meile von Swinemünde gegen Westen belegen und nach Zirchow eingepfarrt, bestehet aus 33 Colonisten-Stellen, 1 Müller und 17 Büdnern nebst 739 M. 75 □R. meistens Wiesen- und Moorgrund, wovon ein Theil als Acker so wie zum Torfstich benutzt wird. In letzter Zeit sind der Feldmark noch hinzugekommen: ein Theil der Landung eines parcellierten Bauerhofes von Zirchow nebst der Forstweide-Abfindungsfläche. In der Colonie befinden sich 57 Wohnhäuser mit 359 Einwohnern. *(M. = Morgen, □R. = Quadratrute)*

Zirchow, ein Kirch- und Bauerdort, 1 Meile westwärts von Swinemünde auf der Landstraße nach Usedom belegen, hat außer der Mutterkirche nebst Pfarre, Küsterey und

Schule 2 Halbbauerhöfe, wovon 1 parcelliert ist, 1 Kossäten, 19 Büdner und 2 Windmühlen. Die Feldmark in meistens leichtem Boden umfaßt nach der schwedischen Vermessung von 1693 1078 M. 73 □R. Wohnhäuser sind 33 vorhanden mit 264 Einwohnern." *(1 M. = 180 □R.)*

Dann war wieder mal Krieg, das heißt, eigentlich war immer irgendwo Krieg. Diesmal droschen Preußen und Österreicher mit ihren jeweiligen Verbündeten auf einander ein. Es ging um die Führungsrolle im Deutschen Bund. Zum Glück wurde der Streit nicht auf der Insel ausgefochten. Aber als der preußische Kronprinz Friedrich Wilhelm 1866 nach siegreicher Schlacht aus dem Krieg heimkehrte, feierte er am Wolgastsee in Corswandt Wiedersehen mit seiner Familie.

Für die Corswandter war das ein bedeutendes Ereignis, darum haben treue Untertanen den „Kronprinz-Tisch" eingezäunt. Er stand bis in die dreißiger Jahre des 20. Jahrhunderts, inzwischen ohne Zaun, immer noch am selben Fleck.

Der Kronprinz-Tisch unter Buchen in der Nähe des Forsthauses, im Hintergrund das „Restaurant am Wolgastsee".

Der nächste Krieg ließ nicht lange auf sich warten. Frankreich und Preußen gerieten wegen der spanischen Thronkandidatur eines Hohenzollernprinzen aneinander. Nach einigem diplomatischen Geplänkel erklärte Napoleon III. am 19. Juli 1870 Preußen den Krieg. Mit Unterstützung seiner Verbündeten siegte Preußen in wenigen Wochen. Dennoch zog sich der Krieg bis ins nächste Jahr hin. Bismarck konnte die süddeutschen Staaten bewegen, dem Norddeutschen Bund beizutreten und der König von Preußen nahm den Titel Deutscher Kaiser an. So entstand aus dem erweiterten Norddeutschen Bund das Deutsche Reich. Den Krieg beendete am 10. Mai 1871 der Frieden von Frankfurt.

Doch all die Kriege konnten das Erblühen der Insel Usedom nicht aufhalten. Nachdem 1863 die Bahnstrecke Züssow–Wolgast Hafen freigegeben worden war, konnte man ein gutes Jahrzehnt später mit der Bahn sogar auf die Insel fahren. Die, zunächst eingleisige, Strecke Ducherow–Swinemünde ging 1875 in Betrieb. 1893/94 wurde die Hauptbahnstrecke von Swinemünde bis Heringsdorf weitergeführt und war ab 1908 zweigleisig.

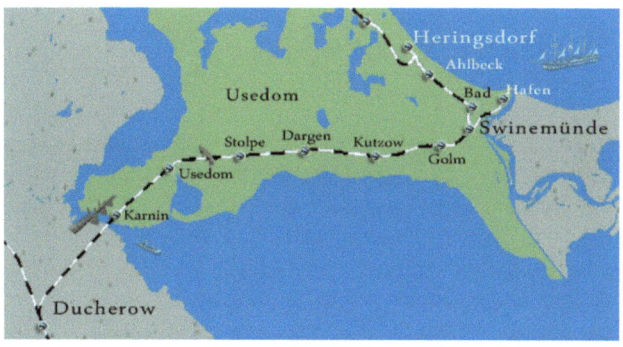

Die zweigleisige Strecke Ducherow–Swinemünde–Heringsdorf, als eingleisige Nebenbahn 1911 über Bansin, Zinnowitz und weitere Orte bis Wolgast Fähre verlängert.

Ahlbeck war in den achtziger Jahren des 19. Jahrhunderts tüchtig gewachsen und ein Volksbad geworden. Schon 1890 beherbergte das Fischerdorf mehr als zwanzigtausend Badegäste und durfte sich mit der 1898 erbauten Seebrücke ab 1908 Seebad nennen. Die neue Zugverbindung auf die Insel hat sicherlich mit dazu beigetragen, dass die drei Kaiserbäder Ahlbeck, Heringsdorf und Bansin bald die Badewanne Berlins wurden.

Die Ahlbecker Seebrücke zu Beginn des zwanzigsten Jahrhunderts, im Vordergrund die Konzertmuschel.

Corswandt war zu der Zeit noch ein ausgesprochenes Kuhdorf. Wenn in den Seebädern die Badegäste am Strand in der Sonne lagen, schwitzten die Bauern beim Einbringen der Heu- und Roggenernte. Doch von Ahlbeck, Heringsdorf oder auch Swinemünde war es nicht weit bis Corswandt und so kamen damals schon hin und wieder Badegäste von der Küste – oft mit der Pferdedroschke – ins Dorf.

Am Wolgastsee gab es einen Bootsverleih mit etlichen Booten, die an guten Tagen alle unterwegs waren. Danach ging es dann ins „Restaurant am Wolgastsee" neben dem Forsthaus zum Kaffeetrinken.

Gruss vom Wolgastsee.

Ruderbootsverleih am Wolgastsee um 1904

Restaurant am Wolgastsee neben dem Forsthaus

Bei Gästen aus Berlin war Albert Bergtes „Cafe-Restaurant zur Eiche" besonders beliebt. Dort gab es die „Schinkenstulle mit Schleppe", so nannten die Berliner seine Schinkenbrote, weil die Schinkenscheiben sehr viel größer waren, als die Brotscheiben.

Das Cafe-Restaurant zur Eiche des Gastwirts Albert Bergte nebst Familie an der Kopfsteinpflaster-Chaussee in Corswandt (heute asphaltierte Hauptstraße).

Etwa bis in die 1960er Jahre waren alle Straßen und Wege des Dorfes, außer der Chaussee, die durch den Ort führte (heute asphaltierte Hauptstraße), unbefestigt. Die Kleinpflasterstraße einschließlich Sommerweg für die Pferdefuhrwerke von Ahlbeck nach Corswandt wurde 1911 fertiggestellt (heute asphaltiert).

In das quirlige Badeleben der Insel platzte am Abend des 1. August 1914 die Mobilmachungsdepesche. Krieg gegen Russland und Frankreich. Dann auch noch gegen die Briten. Mit der Zeit waren vierzig Staaten in die Auseinandersetzung verwickelt, nur wenige davon auf Seiten der Deutschen.

   Der Weltkrieg tobte an vielen Fronten länger als vier Jahre und am Ende hatte das Deutsche Reich ihn verloren. Außerdem seinen Kaiser, Westpreußen und einige andere Gebiete. Der Größte Verlust aber waren mehr als zwei Millionen Gefallene.

Die Schlachten hatten weitgehend außerhalb Deutschlands stattgefunden, doch unter den Kriegsfolgen musste das Land sehr leiden. Aus Corswandt waren acht Männer „im Felde geblieben", sie hinterließen trauernde Witwen, Kinder, denen der Vater fehlte, und verbitterte Eltern. Von den Heimatlosen fanden drei Familien im Dorf ein neues Zuhause, aus Westpreußen Schimmels und Lettkes, aus Oberschlesien Familie Kabus.

Nachdem Kaiser Wilhelm der Letzte gen Holland entfleucht war, führte die Novemberrevolution am 9. November 1918 in Berlin zur Ausrufung der Republik. Sie wurde nach dem ersten Tagungsort der Nationalversammlung Weimarer Republik genannt. Mit „Heil dir im Siegerkranz" und ähnlichen Gesängen war es jetzt vorbei, Hoffmanns „Lied der Deutschen", das „Deutschlandlied", wurde zur Hymne der Republik bestimmt. Auch die Flagge wechselte, von Schwarz-Weiß-Rot zu Schwarz-Rot-Gold.

Kindererholungsheim (der Stadt Neukölln) Corswandt am Wolg..

Berlin tat was für seine Kinder, die in den letzten Kriegsjahren gehungert und gelitten hatten. Ein früheres Hotel in Corswandt ließen die Berliner als Kindererholungsheim der Stadt Neukölln einrichten.

31

Carl Rossow hat in Corswandt ein Hotel mit Gastwirtschaft und großem Saal bauen lassen, es wurde 1924 fertiggestellt. Das „Idyll am Wolgastsee" übernahm später der Kellner Emil Schäfer mit seiner Frau und zwei Töchtern. Die Familie stammte auch aus Westpreußen.

Hotel & Gasthof Idyll am Wolgastsee, rechts Emil Schaefer.

Die Dorfstraße des Ortes in den 1940er, 1950er Jahren

Neben ihrer Landwirtschaft betrieb Familie Schimmel noch ein Lebensmittelgeschäft. Über dessen Ladentür stand bis in die vierziger Jahre „Colonialwaren". Deutschland hatte seine Kolonien aber nach dem Weltkrieg verloren.

Schimmels Haus 2006. Rechts daneben das kleine Bäcker-haus, in dem Bäckermeister Artur Sachse das Dorf mit Brot und Brötchen versorgt hat. Die Frauen ließen bei ihm gerne ihren Kuchen backen.

Das Mehl holte der Bäcker sich aus der Motormühle auf dem Berg von Müllermeister Hubert Strohecker. Links die Mühle, rechts daneben das Wohnhaus, Foto von 2006.

Die meisten Bauern lebten ausschließlich von ihrer Landwirtschaft. War der Hof jedoch zu klein, musste der Mann, was dazuverdienen. Es gab aber auch einige Handwerker im Dorf. Die arbeiteten in den Seebädern oder in der Kreisstadt und fuhren meistens mit dem Fahrrad zur Arbeit.

Freitags bekamen die Männer ihren Wochenlohn und bevor sie durch den Wald am Wolgastsee entlang nach Hause fuhren, kehrten sie erst mal im „Waldkater" ein. Der Waldkater war ein Ausflugslokal am Stadtrand von Swinemünde, in dem auch junge Corswandter öfter das Tanzbein schwangen.

Seebad Swinemünde   Restaurant Waldkater Besitzer Anton Saboiny

Das Restaurant Waldkater. Hier kippte mancher Handwerker aus Corswandt sich einen hinter die Binde. Wer zu tief ins Glas gekuckt hatte, landete mit dem Fahrrad auch schon mal im Wolgastsee. Manche Frau bewahrte ihren Mann jedoch vor einem Besäufnis. Sie wartete an der Gaststätte auf ihn und rettete mit Geduld und guten Worten die volle Lohntüte – wenn das Glück ihr hold war.

Das untergegangene Kaiserreich hatte der jungen deutschen Republik ein schweres Erbe aufgebürdet. Die Hyperinflation des Krieges, das Versailler Friedensdiktat mit bedeutenden Gebietsabtretungen und umfangreichen Reparationen, die Weltwirtschaftskrise von 1929 sowie die Feindschaft zwischen Kommunisten und Sozialdemokraten ließen reaktionäre Parteien erstarken, vor allem die NSDAP.

Im Mai 1924 mit 6,6 % der Stimmen gestartet, kam die Nazi-Partei bei den nächsten beiden Wahlen nicht über drei Prozent. Aber im September 1930 waren es schon 18,3 %, im Juli 1932 sogar 37,4 % und im November 1932 erreichte sie als stärkste Partei 33,1%; da kam die SPD auf 20,4 % und die KPD auf 16,9%.

Am 30. Januar 1933 ernannte Reichspräsident Paul von Hindenburg den gebürtigen Österreicher Adolf Hitler, Parteivorsitzender der NSDAP, zum Reichskanzler. Das war das Ende der Weimarer Republik. „Deutschland, Deutschland über alles" bekam bald eine ganz andere Bedeutung und die Fahne war ab 1935 Rot-Weiß-Schwarz.

Als wirksame Maßnahme gegen die erhebliche Arbeitslosigkeit wurde 1935 der Reichsarbeitsdienst gegründet. In Corswandt bezog er das frühere Neuköllner Kindererholungsheim. Die Arbeitsdienstmänner setzten die Melioration Friedrich II. im Thurbruch fort. Es hieß auch, sie sollten den Gothensee trockenlegen.

Die Fahnen des Reichsarbeitsdienstes (RAD) in Corswandt

Zu der Trockenlegung des Gothensees ist es in den dreißiger Jahren nicht gekommen. Doch Wilhelm H. Pantenius und Claus Schönert beschreiben in ihrem ganz vortrefflichen Buch *Zwischen Haff und Heringsdorf. Das Thurbruch auf Usedom*, wie der Gothensee in der zweiten Hälfte des neunzehnten Jahrhunderts eine Wiese wurde und die Natur sich den See später wieder zurückholte.

Im Dorf gab es unter den Handwerkern auch Sozialdemokraten und Kommunisten. Die hatten ihre mehr oder minder roten Fahnen aber alle schnell eingerollt. Hier und da wehte jetzt die Hakenkreuzfahne. Von den Corswandtern waren jedoch nur wenige überzeugte Nazis.

Die Luftwaffe der Wehrmacht hat 1935 den Flugplatz Garz übernommen und ihn zum Fliegerhorst ausbauen lassen. Auch über Corswandt flogen öfter Militärmaschinen. Später kam noch das Übungsschießen der Flak dazu. Ein Flugzeug zog an einem langen Seil einen Ballon hinter sich her, auf den die Flakbesatzung dann pausenlos geschossen hat.

In den dreißiger Jahren wurden auf der Insel Usedom etliche Militäranlagen errichtet. Auf dem Zernin und an vielen anderen Orten 8,8-cm-Flak-Batterien, zwischen Ahlbeck und Corswandt eine Funksendestation, Peilstelle genannt, auf dem Kirchberg bei Corswandt eine Funkempfangsstation mit vier hohen hölzernen Fachwerkmasten und in der Mellenthiner Heide ein verzweigtes Bunkersystem als Munitionslager für die Flak-Batterien in Mittelpommern. Dazu kamen noch kleinere Flakstellungen oder -türme und mehrere Scheinwerferbatterien.

Dieser, für das kleine Eiland erstaunlich hohe Aufwand an Militäranlagen hatte natürlich einen Grund, der den meisten Inselbewohnern aber weitgehend verborgen blieb: die ab 1936 errichtete Heeresversuchsanstalt in Peenemünde. Dort wurden Raketenwaffen entwickelt und erprobt. Ab 1938 auch von der Erprobungsstelle der Luftwaffe. Über die militärische Betriebsamkeit auf der Insel, in Swinemünde lagen auch Kriegsschiffe, machten sich die Leute aber so ihre Gedanken. Und wenn sie mit einander sprachen, sagte manchmal einer: „Dat jifft bald wat." (Das gibt bald was.)

Nach der Deutschen Gemeindeordnung von 1935 wurde 1937 in Ortsnamen das anlautende C durch K ersetzt. Auf der Insel Usedom betraf das neben anderen die Orte Kamminke, Korswandt und Kutzow.

Etwa um die Zeit war das Arbeitsdienstlager für Männer in ein Landjahrlager für Mädchen umfunktioniert worden. Die Landjahrmädchen halfen den Bauern bei der Feldarbeit und wurden nationalsozialistisch erzogen.

Rückseite des Lagers. Bildunterschrift: Landjahrlager Korswandt, Swinemünde-Land.

Ab 1938 mussten auch die jungen Frauen zwischen siebzehn und fünfundzwanzig Jahren zum Arbeitsdienst einrücken. Ein RAD-Barackenlager für Frauen wurde zwischen Korswandt und Ulrichshorst errichtet. Heute befindet sich dort der Campingplatz Korswandt.

Zum Sonntagnachmittagstanz im Idyll waren in letzter Zeit immer mehr Matrosen aus Swinemünde und Flieger aus Garz gekommen. Der Laden brummte, vor allem, weil im Sommer jetzt fast täglich Gäste aus den Seebädern Korswandt besuchten. Manche kamen wie früher mit der Pferdedroschke, andere unternahmen die Spritztour mit dem eigenen Automobil.

Nun hatte das Kuhdorf Korswandt zwar immer noch nicht mehr zu bieten, als zwei Gaststätten und den Wolgastsee, aber genau das und eine bezaubernde „Umgegend" gefiel Leuten aus der Großstadt, besonders den Berlinern. Also wurde auf dem See ein Stündchen gerudert, im Idyll Kaffee getrunken oder bei Albert Bergte zu einem Glas Bier ein Schinkenbrot mit Schleppe verzehrt.

Von Jahr zu Jahr strömten mehr Badegäste auf die Insel. Dazu trug auch die 1933 fertiggestellte neue Karniner Hubbrücke der D-Zugstrecke Berlin–Heringsdorf bei sowie die 1936 eröffnete Reichsautobahnstrecke Berlin–Stettin.

Strandleben im Seebad Ahlbeck Ende der 1930er Jahre

Der Sommer 1939 bescherte der Insel bestes Strandwetter. In den Kaiserbädern wurde die letzte Dachkammer vermietet. Die Eisdielen erzielten Rekordumsätze. Während sich die Hautevolee im mondänen Heringsdorf ein Stelldichein

gab, bevorzugte der Mittelstand Ahlbeck. Der August mein-
te es besonders gut mit den Badegästen, die Stimmung der
Leute war blendend.

Doch am Nachmittag des 1. September machte am Ahlbecker Strand ein Wort die Runde: Krieg. Da war bei manchen die Stimmung nicht mehr so gut. Der Führer hätte im
Radio gesagt, nach einem Angriff der Polen würde jetzt zurückgeschossen. Es ginge um Danzig.

Danzig stimmte, dort begann der Überfall auf Polen, aber
zurückgeschossen war gelogen. Den seit Langem vorberei-
teten Krieg hatte die deutsche Wehrmacht begonnen.

In Korswandt waren schon vor Wochen junge Männer
eingezogen worden, zu Manövern, wie es hieß. Doch die
Leute ahnten, wohin der Hase lief. Nachdem Hitler 1938
seine Heimat Österreich und das Sudetenland „heim ins
Reich" geholt hatte, würde es jetzt wohl im Osten weiterge-
hen mit der Heimholung.

Zu der Zeit wohnten in Korswandt laut „Einwohner-Ver-
zeichnis der Insel Usedom 1939, Swinemünde: Fritsche,
1939, S. 67-69" die Familien:

Alesch, Arndt, Bahls, Baumann, Behling, Bergte, Blunk,
Boese, Borm, Büttner, Diebitz, Dürkoop, Dittmann, Gaede,
Gamradt, Ganzow, Gützmann, Haist, Handtke, Hannemann,
Heinrich, Hermann, Holzheimer, Hoppe, Häuer, Janzen,
Kabus, Kadow, Kawerau, Klaus, Koch, Kracht, Krause,
Krohn, Krüger, Lettke, Liedke, Lindengrün, Lorenz, Lo-
witzka, Ludwig, Maibuhr, Marsch, Maskow, Meyer, Meyn,
Mitrenga, Mundt, Ohlenz, Ostermann, Ottenstein, Parlow,
Peters, Pieper, Pirwitz, Priem, Raesch, Rätz, Raetz, Rossow,
Roßwandowitz, Runge, Rönsch, Sachse, Schimmel,
Schlingmann, Schlorff, Schlößer, Schmeling, Schmidt,
Schnell, Scholz, Schröder, Schumacher, Schäfer, Seiden-
kranz, Splittgerber, Stahnke, Strahl, Strohecker, Struck,
Tesch, Voß, Wessel, Wenke, Winkler, Witt, Wolff, Ziepel,
Zirzow, von Natzmer.

und in Ulrichshorst, „S. 161-162":

Achilles, Barkow, Becker, Behm, Berndt, Bluhm, Bluhm I, Bluhm II, Blunk, Brandenburg, Brendemühl, Dittmann, Drywa, Falk, Fink, Frommholz, Fröhlich, Gamradt, Gentz, Genz, Gnewuch, Gnuschke, Handke, Holtz, Holzheimer, Jühlke, Knüppel, Koch, Koltz, Kracht, Kurth, Küster, Labahn, Lange, Laß, Lempke, Lorenz, Loth, Nagorsnik, Parl, Peters, Pieper, Reimann, Rudolfs, Runge, Rust, Rätz, Salchow, Scharmann, Schimmel, Schmidt, Schröder, Schumacher, Schünemann, Seeck, Stelter, Wegner, Wiedemann, Wenke, Willert, Wystrach, Ziesemer.

Polens Schutzmächte Frankreich und Großbritannien reagierten auf Hitlers Angriffskrieg am 3. September 1939 mit Kriegserklärungen an Deutschland. Sie waren aber für die bedrängten polnischen Streitkräfte zunächst keine Hilfe. Nach gut zwei Wochen hatte die Wehrmacht halb Polen erobert und die Rote Armee Ostpolen besetzt. Anfang Oktober war Polens Niederlage besiegelt. Die gute Stimmung des Sommers war noch kaum getrübt, wenn auch hin und wieder eine Traueranzeige mit dem Eisernen Kreuz in der Zeitung stand.

Bis April 1940 fanden keine nennenswerten Kriegshandlungen statt. Dann besetzten die Deutschen bis Mitte 1941 halb Europa und zwangen auch Frankreich zur Kapitulation. Großbritannien wurde heftig bombardiert, blieb aber unbesetzt. Seit Mai 1940 erlitten auch deutsche Städte Luftangriffe.

Von der täglichen Fenster-Verdunklung abgesehen, war in Korswandt vom Krieg nicht viel zu spüren. Allerdings lebten viele Frauen in ständiger Sorge um ihre Männer und Söhne. Auch Lebensmittelmarken und Kleiderkarten trugen dazu bei, dass der Stimmungshimmel sich eintrübte.

Am 22. Juni 1941 startete Hitler sein „Unternehmen Barbarossa" und griff vertragswidrig die Sowjetunion an. Hauptziele des Unternehmens waren die „Ausrottung der jüdischen Rasse" und die „Vernichtung des Marxismus". Dazu hatte er seine An- und Absichten ausführlich in dem Buch *Mein Kampf* dargelegt. Die Nazi-Fibel war seit 1926 auf dem Markt.

Zunächst verlief alles nach Hitlers Parole: „Wo der deutsche Soldat steht, kommt kein anderer hin:" Dann half „General Winter" den „Bolschewisten" und der deutsche Angriff blieb vor Moskau stecken. Also: Frontbegradigung. Viele Landser sind erfroren. Dummerweise hatte die Wehrmacht nur Sommerklamotten mit.

Aber Mitte 1942 ging es mit frischem Mut weiter, jetzt nach Stalingrad. Im August hatten die Deutschen die Stadt erreicht und im November eingenommen. Danach war Stalingrad fast völlig zerstört. Eisige Stürme heulten gespenstisch in den verschneiten Ruinen.

Auch Korswandt erlebte 1942/43 einen bitterkalten Winter. Das Eis auf dem Wolgastsee war dreißig Zentimeter dick und ebenso hoch lag der Schnee im Dorf. Den Kindern gefiel das, aber die Erwachsenen dachten schaudernd an Stalingrad.

Dort waren die deutschen Truppen Ende November von der Roten Armee eingekesselt worden. Nach verlustreichen Versuchen, den Kessel zu sprengen und völlig unzureichender Versorgung der Eingeschlossenen aus der Luft kapitulierten die Überlebenden der 6. Armee am 2. Februar 1943. Seitdem gab es nur noch Frontbegradigungen.

Irgendwann hatte die britische Aufklärung herausgefunden, was da eigentlich lief auf der Ostseeinsel Usedom. Am 17. und 18. August 1943 flog die Royal Air Force Angriffe auf Peenemünde, die in der Heeresversuchsanstalt große Schäden anrichteten. Allerdings ist die Herstellung der Raketenwaffen durch die Bombardierung nur unterbrochen worden. Die Erprobung der sogenannten V-Waffen wurde an anderen Orten fortgesetzt und die Herstellung in unterirdische Anlagen des Harzvorlandes nahe der Stadt Nordhausen verlagert.

In Korswandt waren etliche Militärangehörige stationiert, von denen der eine oder andere seine Familie hatte nachkommen lassen, wie Funkmeister Littkopf, dessen Frau bei Bürgermeister Johann Ludwig wohnte. Außerdem waren einige Zivilisten zugezogen. Fischer Holtz aus Hamburg logierte mit seiner Frau bei Lettkes und Kunstmaler Riegel nebst Gattin hatte sich in einem Haus mit großem Garten und etwas Wald am Wolgastsee niedergelassen. Nicht weit davon, am alten Kleinkaliberschießstand, lebte Familie Matz mit sieben Kindern in einem Holzschuppen und zwei Zirkuswagen.

Nachdem die Wehrmacht vor Moskau stecken geblieben war, hatten immer mehr Familien im Dorf den Brief mit der schrecklichen Botschaft erhalten: „gefallen für Führer, Volk und Vaterland", hier der Mann, dort der Sohn, manchmal auch zwei Söhne. Nach Stalingrad sank die Stimmung auf Null – an irgendeinen Sieg glaubte niemand mehr.

Mut schöpften nur die sogenannten Ostarbeiter. Das waren aus den besetzten Ostgebieten verschleppte junge Frauen und Männer, die im „Reich", oft unter unwürdigen Bedingungen, arbeiten mussten.

Der kräftige junge Pole Jan bei Schimmels, der fast alleine die ganze Landwirtschaft schmiss, wurde aber wie ein Familienmitglied behandelt. Ähnlich ging es der jungen Ukrainerin beim Major auf dem Seehof. Doch ihre Landsfrau bei Förster Häuer hatte es nicht so gut getroffen. Die Försterfamilie stand dem Nationalsozialismus wohl etwas näher als die meisten Leute im Dorf.

Im Mai 1944 belegten Soldaten den Klassenraum der Korswandter Schule. Auch hier und da im Dorf wurden immer mal Wehrmachtsangehörige einquartiert und in Räumen des Landjahrlagers war zeitweilig eine Militärbäckerei untergebracht.

Mitte Oktober 1944 stand die Rote Armee an der ostpreußischen Grenze. Zu der Zeit bereitete sich auch Korswandt auf den „Endsieg" vor. Auf Befehl des Ortskommandanten hatten die Dorfbewohner, in der Mehrzahl Frauen, auf Feldern und Wiesen zwischen Wolgast- und Gothensee einen Panzergraben ausheben müssen. In der Nähe des Forsthauses war quer über die Straße ein Lorengleis verlegt worden. Auf dem Gleis neben der Chaussee stand ein Lorenwagen mit langen dicken Kiefernstämmen, der, auf die Straße geschoben, die Panzer aufhalten sollte.

Hin und wieder marschierte der „Volkssturrn" durch den Ort. Alle noch verfügbaren Männer zwischen 16 und 60 Jahren sollten jetzt das vollbringen, was der Wehrmacht bisher nicht gelungen war: die Russen aufhalten. Dafür hatten die Alten im Dorf nur ein bitteres Lächeln übrig.

Dann zogen die ersten Flüchtlinge durch Korswandt und es wurden immer mehr. Im Februar 1945 wälzte sich wochenlang ein Treck erschöpfter Frauen, Kinder und Greise, mitunter auf Pferdewagen, sonst zu Fuß, manchmal mit einem kleinen Handwagen, oft aber nur mit einem Rucksack auf dem Rücken, die Kinder an der Hand, von Ost nach West über die Chaussee.

Im Dezember 1941 waren die USA gegen Japan in den den Krieg eingetreten, darauf hatte Hitler den Vereinigten Staaten den Krieg erklärt. Im Juni 1944 eröffneten Großbritannien und die USA mit der Landung in der Normandie eine zweite Front gegen Deutschland. Dadurch wurde die deutsche Ostfront spürbar geschwächt.

Am 12. März 1945 griff die US Air Force Swinemünde an. Die Stadt war voller Flüchtlinge und erlitt ähnlich verheerende Zerstörungen, wie vier Wochen zuvor das barbarisch bombardierte Dresden. Die vielen Toten wurden in Massengräbern auf dem Golm bei Kamminke bestattet. Auch eine Korswandterin war bei dem Angriff umgekommen.

Ende April kam ein völlig abgekämpfter SS-Trupp ins Dorf und unterbrach seinen Marsch gen Westen. Die Soldaten gingen auf die Höfe, liefen sofort in alle Ecken, ließen die Hosen runter und suchten sich die Läuse ab. Dann bekamen sie was zu essen. Als sie weiterzogen riefen sie den Leuten zu: „Wir sind die Letzten. Nach uns kommt nur noch der Russe."

An einem lichten Frühlingstag Anfang Mai tauchten am Himmel über Korswandt, die Sonne im Rücken, kleine russische Flieger auf. Von der Flak am Zernin und am Hasenberg war nichts zu hören, alles blieb ruhig. Deutsche Flugzeuge konnten aus Mangel an Treibstoff schon lange nicht mehr aufsteigen. An Schlößers Haus hing auch sofort ein Bettlaken und im Handumdrehen hatte das ganze Dorf weiß geflaggt.

Anders in Zirchow. Dort waren, nachdem wohl jemand auf die Flieger geschossen hatte, Brandbomben gefallen und einige Häuser abgebrannt. Später hat der Wind Ascheschlusen von verbranntem Schilfrohr sogar bis nach Korswandt herübergeweht.

Am nächsten Tag rückte die Rote Armee mit Ami-Lkws und Panjewagen ins Dorf ein, ohne auf den geringsten Widerstand zu stoßen. Der Ortskommandant war offensichtlich schon getürmt. So hatte keiner den Lorenwagen mit den Kiefernstämmen in Stellung gebracht. Die kämpfende Truppe verließ Korswandt aber bald wieder.

Nach den Frontkämpfern kamen die Etappenhengste – und jetzt gings rund: Frauen und Mädchen, die sich nicht verstecken konnten, wurden vergewaltigt, Kühe und Pferde fortgetrieben sowie allerlei Hausrat geplündert. Armbanduhren und Fahrräder waren besonders begehrt. Mancher Rotarmist hatte wohl ein paar Brocken Deutsch aufgeschnappt, „Frau komm, fünf Minut!" und „Uri, Uri!" war hier und da noch eine ganze Weile zu hören.

Doch mit der Zeit normalisierte sich das Leben wieder. Die meisten Besatzer zogen ab, kleine Kommandos wurden nur auf der Funkstation, im Swinemünder Wasserwerk und auf dem Seehof am Gothensee stationiert.

Größere Kinder, aber auch Erwachsene, durchsuchten nun die nicht besetzten Militäranlagen und wenn sie etwas Brauchbares fanden, nahmen sie es mit: Lebensmittel, Textilien, Werkzeug, Bücher und alles, was ihnen sonst noch wertvoll zu sein schien.

Handwerker und Bauern waren inzwischen dabei, die transportablen Baracken abzubauen. Mit den Barackenteilen wurden alte Schuppen und Ställe ersetzt oder neue aufgebaut.

Die Folgen des Krieges waren kaum verwunden, da drohte neues Ungemach: Jemand wollte erfahren haben, Swinemünde solle polnisch werden. Die Siegermächte hätten in Potsdam beschlossen, Polen bis an die Oder zu verschieben. Auf Usedom würde die polnische Grenze hart westlich von Swinemünde verlaufen. Für die meisten Korswandter war das unvorstellbar und manche meinten, es könne sich nur um ein Gerücht handeln.

Als aber Anfang Oktober die ersten Swinemünder mit Sack und Pack zu Verwandten und Bekannten nach Korswandt kamen, war der Jammer groß und bei etlichen auch die Wut. Am 6. Oktober 1945 wurde Swinemünde offiziell polnisch und hieß fortan Świnoujście.

Von den vielen Vertriebenen fanden einige in Korswandt ein neues Zuhause. Aus Swinemünde die Familien Dürkoop, Diebitz, Labahn und Mazureck, aus Hinterpommern Familie Bonow, Korinths aus Ostpreußen, Frau Neb mit ihren drei Söhnen aus dem Sudetenland, Müller Schmeling mit Familie, Brommeckers aus Ostpreußen, Stegemanns aus Hinterpommern, ebenso Lübkes, Frau Rösel mit ihren Kindern aus dem Sudetenland, Helmut Klein, Werner Itzige, Familie Pavel und manch andere noch.

Otto Bernd, der Chef des Swinemünder Wasserwerkes, zog mit seiner Frau wieder nach Korswandt ins eigene Haus. Die meisten Vertriebenen kamen im Idyll und im Landjahrlager unter. Max Dürkoop besaß ein Anwesen im Dorf, Müller Schmeling zog zu Müller Strohecker. Auch in den Bauern- und Handwerkerhäusern fand sich die eine oder andere Bleibe, ferner im Seehof am Gothensee, in den Baracken des Frauen-Arbeitsdienstlagers und in Ulrichshorst.

Dann mussten die Kinder auch wieder in die Schule gehen. Lehrer Walter Hannemann hatte die Entnazifizierung nicht überstanden und wurde von der Neulehrerin Fräulein Strack abgelöst. Die junge Frau kam aber mit den pubertierenden Schülern nicht zu Rande und wurde schließlich versetzt. Danach bestritten der Lehrer Max Mazureck aus Swinemünde als Schulleiter und die Lehrerin Ilse Christoffer gemeinsam den Unterricht.

Das Korswandter Schulgebäude 2006

Ende 1945, Anfang 1946, als Plünderungen tagsüber nur noch selten vorkamen, wurde nachts immer mal ein Gehöft überfallen. Handke am Köterende, Lettkes auf dem Berg und Schmidts im Gehege sind ausgeraubt worden. Lettkes

46

sogar zweimal. Als die Räuberbande das Forsthaus überfiel, haben Förster Häuer und sein erwachsener Sohn Lothar laut um Hilfe gerufen, worauf beide von den Einbrechern erschossen worden sind.

Zunächst wurde darüber gerätselt, wer die Einbrüche verübt haben könnte. Da die Männer bewaffnet waren und Uniform trugen, konnten es wohl nur Russen oder Polen gewesen sein. Und tatsächlich sprach alles dafür, dass Rotarmisten des Kommandos vom Swinemünder Wasserwerk die Verbrechen begangen haben mussten.

Die Not war groß nach dem Krieg und die Leute hatten viel Leid erfahren, dennoch ließen weder die Einheimischen noch die Neudörfler den Kopf hängen, jeder versuchte irgendwie über die Runden zu kommen. Das gelang den Bauern noch am ehesten.

Schmiedemeister Max Dürkoop betrieb seine Schmiede auf eigenem Grundstück. Arbeit gab es genug. Oft standen in der Nähe seiner Werkstatt Landmaschinen von Bauern aus der Umgebung und warteten darauf, repariert zu werden. Einer seiner Lehrlinge ist später sein Schwiegersohn geworden.

Auch Elektromeister Hans Diebitz hat sich in Korswandt selbständig gemacht und Lehrlinge ausgebildet. Mit der Herstellung von Wassereimern und Kochtöpfen aus Alu-Treibstoffbehältern der Luftwaffe ist ihm der schwere Start gelungen. Seine Werkstatt befand sich später im Nebengebäude des Landjahrlagers, dort wohnte auch die Familie.

Manche Frau, die Heimat und Mann verloren hatte, suchte sich Arbeit beim Bau, pflanzte Baumsetzlinge im Wald oder Strandhafer auf den Dünen in Ahlbeck. Ein Broterwerb, von dem der Lebensunterhalt einigermaßen bestritten werden konnte, fand sich schließlich für alle.

In den ersten Nachkriegsjahren herrschte großer Mangel. Jahrelang war vieles nur auf Lebensmittelmarken, Kleiderkarte oder Bezugsschein zu bekommen. Abends musste wegen stundenlanger „Stromsperre" die Petroleumlampe wieder angezündet werden. In der Ahlbecker Tauschzentrale wurde eine Zeit lang alles Mögliche zum Tausch angeboten. Selbst in ländlichen Gegenden hatten die Menschen nicht immer genug zu essen. Abgeerntete Felder der Bauern wurden von Ährensammlern und Kartoffelstöpslern belagert, die ihre karge Kost aufbessern wollten.

Der Verlust der Kreisstadt hat die Korswandter wegen der engen Bande zu den Swinemündern besonders hart getroffen. Hinzu kam, dass die D-Zugstrecke Ducherow–Swinemünde abgebaut und als Reparationsleistung in die Sowjetunion verbracht wurde. Wer jetzt nach Berlin fahren wollte, zuckelte mit der Bummelbahn von Ahlbeck nach Wolgast Fähre, ging dann zu Fuß über die Peenebrücke bis Wolgast Hafen – das schwere Gepäck transportierte ein Pferdefuhrwerk –, dampfte von dort nach Züssow, stieg da in den D-Zug um und hatte nach fünf bis sechs Stunden endlich den Bahnhof Berlin-Lichtenberg erreicht.

In den dreißiger Jahren des vorigen Jahrhunderts fuhr ein Schnellzug in weniger als drei Stunden von Berlin nach Swinemünde oder von dort nach Berlin.

Endlich war auch im Idyll wieder was los. Die Menschen hatten Hunger auf Vergnügungen aller Art. Da fanden die häufigen Tanzabende regen Zuspruch und ebenso der Sonntagnachmittagstanz.

Allerdings mussten die Schäferfrauen alleine Haus und Gaststätte bewirtschaften. Emil Schäfer war, wie auch andere Männer, von Landrat Willy Stange, seinem früheren Kellnerkollegen, unter den Augen der Besatzer kurz nach Kriegsende in Swinemünde umgebracht worden.

Ilse, Schäfers jüngere Tochter, heiratete später den Förster Siegfried Brommecker, der nun Gastwirt wurde. Nicht lange danach ehelichte ihre verwitwete Mutter den beliebten Stehgeiger Oskar Kroll aus Ahlbeck, der öfter im Idyll zum Tanz aufspielte.

Mit der Zeit waren auch die letzten Korswandter Kriegsge-
fangenen heimgekehrt. Für jene, die nicht mehr wiederkeh-
ren konnten, gab es schon nach dem Ersten Weltkrieg ein
Kriegerdenkmal. Das stand früher mitten auf der Dorfstraße
neben einer Eiche. Heute steht es auf dem Friedhof, der
nach dem Zweiten Weltkrieg angelegt worden war.

Das Kriegerdenkmal auf dem Friedhof in Korswandt

ZUM GEDENKEN
AN DIE GEFALLENEN
UND OPFER DER
BEIDEN WELTKRIEGE

1914-1918

ERNST BEHLING   ERNST ROSSOW
KARL BEHLING   ALFRED SCHLÖSSER
ARTHUR BÜTZ   ERNST SCHMIDT
JOHANN MUNDT   JOHANNES STRUCK

1939-1945

AUGUST BORM   WERNER MUNDT
WALTER FRÖHLICH   WILLI MUNDT
HELMUT GANZOW   OTTO PARLOW
EMIL HERMANN   KARL RAETZ
FRANZ KOCH   MAX RUNGE
RICHARD KROHN   OTTO RUNGE
HANS KRÜGER   HUBERT STROHECKER
WILLI KRÜGER   GEORG WINKLER
RICHARD MEIER   KONRAD WITT

Die Gefallenen Korswandter der beiden Weltkriege

Während in Korswandt Kommunisten und Sozialdemokraten immer noch lautstark darüber stritten, wer an Hitlers Wahlsieg schuld gewesen sei, hatten ihre Parteivorsitzenden mit tatkräftiger Unterstützung der sowjetischen Besatzungsbehörden KPD und SPD schon zur Sozialistischen Einheitspartei Deutschlands vereinigt. Und die SED war jetzt dabei, überall in der Ostzone das Zepter in die Hand zu nehmen.

Trotz der schwierigen Lebenslage breitete sich mit der Zeit eine gewisse Aufbruchstimmung aus. Seit Kurzem gab es in Ahlbeck HO-Läden, in denen man alle Waren frei kaufen konnte, allerdings zu gepfefferten Preisen. HO stand für Handelsorganisation.

In Wolgast war 1948 von der sowjetischen Militäradministration die Peene-Werft gegründet worden. Hatten früher junge Leute in Swinemünde einen Beruf erlernt, gewann für die Ausbildung nun Wolgast an Bedeutung.

Doch nicht nur in der Peenestadt, auch anderswo entstand Neues. So wurden in Korswandt und anderen Inselorten Sportgemeinschaften gegründet. Deren Hauptsportart war Großfeld-Handball, der aber in der Spielweise damals noch sehr dem Fußball ähnelte.

Die Korswandter Männermannschaft

Korswandt hatte eine Männer- und eine Jugendmannschaft. Den Mannschaften gehörten wahrscheinlich auch Spieler aus Ulrichshorst an. Mädchen und junge Frauen aus beiden Dörfern spielten wohl in Ahlbeck Handball, außerdem gab es eine Frauen-Gymnastikgruppe.

Auf einem Acker hinterm Forsthaus war ein Sportplatz angelegt worden. Zu seiner Einweihung hatten die Korswandter Handballer sich Mannschaften aus Ahlbeck eingeladen. Als krönender Abschluss fand abends im Idyll ein Sportlerball statt, dessen artistische Darbietungen zu den Glanzpunkten des Abends gehörten.

Die Männermannschaft der SG Korswandt nahm an der jährlich stattfindenden Kreismeisterschaft teil und konnte in der Spielzeit 1951/52 gegen starke Gegner den Meistertitel erringen.

Am 23.Mai 1949 war auf dem Gebiet der drei westlichen Besatzungszonen die Bundesrepublik Deutschland etabliert worden. Danach hatte sich am 7. Oktober des Jahres die Ostzone zur Deutschen Demokratischen Republik gemausert. Die Gründung der beiden deutschen Staaten am Beginn des Kalten Krieges zwischen den Supermächten USA und UdSSR ist als Spaltung Deutschlands in die Geschichte eingegangen.

Im Juli 1952 verkündete Walter Ulbricht, Generalsekretär des ZK der SED, den planmäßigen Aufbau des Sozialismus in der DDR. Das Rückgrat der Wirtschaft sollten die Volkseigenen Betriebe (VEB) sein und die Landwirtschaftlichen Produktionsgenossenschaften (LPG) werden. Ferner war vorgesehen, die Verwaltung des nicht gerade großen Gebietes der jungen DDR zu reformieren.

Mit der Gebietsreform von 1952 erhielt der Staat zwischen Elbe und Oder eine an seine Größe angepasste, zentralistische Struktur. Statt der fünf Länder gab es jetzt vierzehn Bezirke und dazu den Quasi-Bezirk Ostberlin – Hauptstadt der Deutschen Demokratischen Republik. Auch die Kreise sind neu festgelegt worden. Ab 25. Juli 1952 gehörte Korswandt zum Kreis Wolgast im Bezirk Rostock.

In den Seebädern der Insel tauchten schon kurz nach dem Krieg wieder die ersten Badegäste auf. Bereits 1947 hatte es der Freie Deutsche Gewerkschaftsbund (FDGB) mit seinem „Feriendienst" übernommen, den Werktätigen des Landes Urlaubsplätze zu vermitteln. Die Vergabe der Plätze oblag in den volkseigenen Betrieben der Betriebsgewerkschaftsleitung (BGL).

Nun war es aber gar nicht so einfach, in privaten Hotels und Pensionen den Bedarf des FDGB an möglichst billigen Urlaubsplätzen zu decken. Genügend gewerkschaftseigene Ferienheime waren nicht vorhanden und konnten auch nur nach und nach geschaffen werden. Aber die Parteiführung hatte das Problem schon erkannt.

Im Februar 1953 wurde die „Aktion Rose" gestartet. Bei der ging es darum, das fortzusetzen, was die sowjetische Militäradministration schon begonnen hatte: Privateigentum in Volkseigentum zu verwandeln. Zur Beschaffung von Urlaubsplätzen wurde angeordnet, dass die Volkspolizei mal überprüfen solle, ob in den Seebädern alles mit rechten Dingen zugehe.

Am Ende der Aktion gab es an der DDR-Ostseeküste 440 volkseigene Hotels und 181 Gaststätten, die dem FDGB, der SED, der Volkspolizei oder anderen staatlichen Einrichtungen gehörten. Die enteigneten Eigentümer saßen jetzt im Knast, oder waren nach drüben abgehauen. Nur die bravsten von ihnen durften als Angestellte der neuen Besitzer im eigenen Haus arbeiten.

Der 1890 erbaute Ahlbecker Hof trug als FDGB-Ferienheim den Namen des 1949 verstorbenen Bernhard Göring, zweiter Vorsitzender des DDR-Gewerkschaftsbundes.

Zu der Zeit hatten sich in Korswandt schon einige Kinderferienlager volkseigener Betriebe aus dem Binnenland angesiedelt. Eigentlich wollten die Betriebe ihre Lager möglichst nahe an der Küste aufbauen, aber da ist schnell der Platz knapp geworden. Also sahen sie sich im Achterland um und entdeckten, dass Korswandt nach Lage und Beschaffenheit eine gute Adresse war. So wurde von den Bauern oder der Gemeinde ein Grundstück gekauft oder gepachtet und los gings mit der Bauerei. Erna Peters hat sogar ihre Scheune verpachtet, in der ein Ferienheim für Kinder eingerichtet wurde.

Der VEB Gummiwerk Waltershausen aus Thüringen hat ein großes Ferienlager im Dorf aufgebaut. Ein anderes Lager war neben dem Friedhof am Gothenweg entstanden. Unweit der Mühle hinterm Tannenberg standen etliche Bungalows. Von Jahr zu Jahr kamen neue Ferienunterkünfte dazu und mit der Zahl der Kinder wuchs die Zahl der Brötchen, die Bäcker Sachse jeden Sommer backen musste.

Im Landjahrlager, das früher schon ein Kindererholungsheim gewesen war, fand der VEB Minol Platz für sein Kinderferienheim.

Kinderferienlager des VEB Minol im ehemaligen Landjahrlager Korswandt, Foto von 1963. Hier war Hans Diebitz mit der Gründung seiner Elektro-Firma so erfolgreich gewesen, dass er das Grundstück erwerben konnte. Geschäftstüchtig, wie der Meister war, verpachtete er das Nebengebäude an den Minol-Betrieb.

Mit den Badegästen kam auch das Nachtleben in den See-bädern wieder richtig in Schwung. Sehr beliebt waren die Tanzabende auf der Ahlbecker Seebrücke. Die Kapelle Eric Herse mit Sängerin sorgte für flotte Musik. Gleich gegen-über in der Strandterrasse konnte man ebenfalls das Tanz-bein schwingen. Außerdem gab es noch das während der Hauptsaison sehr gut besuchte Tanzlokal Taverne ahoi in der Seestraße und die Regina-Bar in der Schillerstraße.

Aber nach dem Arbeiteraufstand am 17. Juni 1953 hatte die Regierung an Usedoms Küste einen fünf Kilometer breiten Sicherheitsbereich festgelegt, in dem die Polizei-stunde auf zweiundzwanzig Uhr vorverlegt worden war. Da gab es natürlich lange Gesichter, wenn die Kapelle nach zwei Stunden schon wieder einpackte. Wer länger tanzen oder feiern wollte, musste ins Achterland ausweichen. In Zirchow war auch bald allerhand los.

Die Wochenend-Tanzabende im Idyll litten ebenso wie die Tanzveranstaltungen an der Küste unter der vorverleg-ten Polizeistunde.

Doch Karl Bergte betrieb in dem früheren Cafe-Restau-rant seines Vaters einen Bierausschank. Dort fanden sich abends neben jungen Leuten aus dem Dorf auch Urlauber und Betreuer der Kinderferienlager ein. Meistens spielten dann zwei junge Burschen mit Akkordeon und Gitarre be-liebte Schlager, was manche Gäste zum Tanzen ermunterte. Und nach dem 17. Juni musste niemand schon um zweiund-zwanzig Uhr das Lokal verlassen, Karl nahm es nicht so ge-nau mit der Polizeistunde.

Etwa um das Jahr 1950 begann sich die Freikörperkultur auf der Insel auszubreiten. Der zunächst wilde FKK-Strand in Ahlbeck lag hinter dem Hotel Ostende an der Grenze zu Polen. Die ersten Nackedeis kamen wohl aus Berlin und

Sachsen; oft waren Künstler die Wegbereiter. Aber auch Musikern, Kellnern und Serviererinnen gefiel das Nacktbaden. Anfangs randalierten am FKK-Strand einige Ahlbecker Halbstarke, doch das legte sich bald und die Zahl der FKK-Anhänger nahm sehr schnell zu.

In den 1950er Jahren wurde die Usedomer Grenze zu Polen auf beiden Seiten streng bewacht. Neben dem Korswandter Forsthaus war eine zweigeschossige Baracke errichtet worden, in der eine Einheit der Deutschen Grenzpolizei untergebracht war.

Nach dem Mauerbau 1961 ist die Grenzbewachung aber auf deutscher Seite mit der Zeit gelockert worden und die Grenzer wurden an die Westgrenze versetzt. Doch einige der Männer nahmen ihren Abschied, heirateten eine der hübschen jungen Korswandterinnen und ließen sich im Ort nieder.

Die seit 2004 offene Grenze zu Polen im Wald hinterm Wolgastsee auf dem Weg zum alten Wasserwerk 2009

In den siebziger Jahren, gab es zwischen Ahlbeck und Swinemünde sogar einen kleinen Grenzverkehr. Nach dem Beitritt Polens zur EU 2004 wurden die stationären Grenzkontrollen zwischen der BRD und Polen eingestellt.

Auf ihrer 2. Parteikonferenz 1952 hat die SED Maßnahmen zur Bildung von Landwirtschaftlichen Produktionsgenossenschaften – LPG – beschlossen. Dafür interessierten sich jedoch nur die wirtschaftlich schwächeren Landwirte, während die Bauern, denen es gut ging, von der LPG nichts wissen wollten. Sie wurden aber 1960 mehr oder weniger gezwungen in die Genossenschaften einzutreten. Das ist auch in Korswandt und Ulrichshorst so gewesen.

Die Moorwiesen im Thurbruch waren trotz Melioration in manchen Sommern immer noch so nass, dass dort kein Heu geerntet werden konnte. Aber ohne das Heu der Moorwiesen reichte das Futter für die wachsende Zahl der Kühe nicht. Also hat man beschlossen, das Wiesenwasser abzupumpen. Dazu wurde etwa dort, wo kurz vor Kriegsende der Panzergraben verlief, eine dicke Rohrleitung verlegt, die in den Wolgastsee mündete. In den Moorwiesen wurden vier Pumpstationen errichtet, die das überschüssige Wasser in den von Jahr zu Jahr kleiner werdenden Wolgastsee pumpten. In sehr trockenen Sommern sollte das Wasser aus dem Wolgastsee im freien Gefälle wieder in die Wiesengräben zurückfließen.

Im Gegensatz zur Zwangskollektivierung fand die Einrichtung eines Busverkehrs auf der Insel allgemeine Anerkennung. Zwei Linien, eine von Anklam, die andere von Kamminke, führten über Korswandt zu den Seebädern.

In den sechziger Jahren ist die Asphaltstraße zwischen Usedom-Stadt und Ahlbeck instandgesetzt worden. Dabei erhielten die Ortsdurchfahrten sowie die Kleinpflasterstraße und der bisherige Sommerweg für die Pferdefuhrwerke zwischen Korswandt und Ahlbeck ebenfalls eine Asphaltdecke.

Bei der Gelegenheit wurden auch die bis dahin unbefestigten Straßen in Korswandt und Ulrichshorst sowie der Fuhrweg von Ulrichshorst durch das Thurbruch zum Nachbarort Reetzow asphaltiert.

Etwa zu der Zeit hat der FDGB das Idyll übernommen, da Gastwirt Siegi Brommecker mit Frau und Kind die DDR in Richtung Westen verlassen hatte.

FDGB-RESTAURANT „IDYLL AM WOLGASTSEE"

Das FDGB-Idyll, Straßenansicht und großer Saal.

Damals ist auch am Standort des früheren Frauen-Arbeitsdienstlagers, kurz vor Ulrichshorst, der Zeltplatz Korswandt
eingerichtet worden.

Den Sommer über war jetzt immer allerhand los im Dorf,
das sich mehr und mehr zu einem Erholungsort entwickelte.
Zu den vielen Kindern in den Betriebsferienlagern kamen
nun noch Zeltplatz-Camper, weiterhin Ausflügler von der
Küste, die auf dem See ruderten oder im Idyll Kaffee tran-
ken und auch einige Feriengäste, die in Korswandt oder Ulrichshorst ein Quartier gefunden hatten.

Badegetümmel am Wolgastsee in den 1960er Jahren

Andererseits trat die Landwirtschaft nicht mehr so stark in
Erscheinung. Viele der alten Bauern lagen schon auf dem
Korswandter Friedhof; ihre Altvordern sind noch in Zirchow begraben worden. Jetzt waren ihre Kinder die Alten,
die den Hof wiederum ihren Kindern vererbten.

Doch zur LPG-Zeit hat sich die Landwirtschaft gründlich
verändert: Felder wurden zusammengelegt, Pferde durch

Traktoren ersetzt, Schweine und Rinder in großen Ställen gehalten, Kühe nicht mehr mit der Hand, sondern mit der Maschine gemolken, statt Heu gab es Grünfutter aus dem Silo und manch anderes noch. Die meisten Neuerungen betrafen Korswandt aber nicht.

Das küstennahe Dorf war nach wie vor ein beliebter Vergnügungsort im Achterland, die Tanzabende im Idyll fanden ringsum viel Anklang. Und selbst das mehr als achtzig Jahre alte Restaurant am Wolgastsee, das während der Bauzeit des Idylls in die Nähe der Bootsanlegestelle umgesetzt worden war, kam noch mal zu Ehren. Der Gaststätten-Veteran nannte sich jetzt Bierhalle.

Wenn in den lauen Sommernächten die Kapelle im Idyll, meistens viel zu früh, den Rausschmeißer spielte, zog anschließend das junge Volk zum See runter in die Bierhalle und machte dort noch so richtig einen drauf.

Das frühere Restaurant am Wolgastsee erlebte nach vielen Jahrzehnten als Bierhalle in der Nähe vom Idyll seine Wiedergeburt, Foto von 2009.

Als Bäckermeister Artur Sachse gestorben war und sein Sohn Günter nach Neubrandenburg zog, hatte Korswandt keinen Bäcker mehr. Die Mühle stand schon lange still.

Auch Schimmels, die seit den Sechzigern neben ihrem Lebensmittelladen noch einen Bierausschank betrieben, hörten auf. Aber ihr Geschäft übernahm der „Konsum", der auch Brot und Brötchen anbot. So musste nicht alles, was die Korswandter und ihre Sommergäste benötigten, aus Ahlbeck geholt werden.

Der Sommer 1989 war nicht mehr so, wie die Sommer zuvor. Im Land hatte sich eine gewisse Unruhe ausgebreitet. Viele Menschen waren unzufrieden mit den Lebensverhältnissen. Ausreisewillige flohen in Bonner Botschaften, um so ihre Ausreise zu erzwingen. Andere trafen sich zu Friedensgebeten in evangelischen Kirchen und demonstrierten schließlich auf der Straße. Die sogenannten Montagsdemonstrationen begannen Anfang September in Leipzig und fanden bald auch in anderen Städten statt.

Der Staatsakt anlässlich des 40. Jahrestages der DDR am 6. Oktober im Berliner Palast der Republik fand schon in einer angespannten Atmosphäre statt. Drinnen wurden die Sektgläser erhoben und draußen die Stasi-Knüppel gezückt. Am 18. Oktober legte, für viele überraschend, Staats- und Parteichef Erich Honecker alle seine Ämter nieder und am 9. November fiel die Mauer.

Der Mauerfall in Berlin und die Öffnung der innerdeutschen Grenze wurden hüben wie drüben von den meisten Menschen freudig begrüßt. Als sich der Jubel etwas gelegt hatte, begann eine kleine Völkerwanderung von Ost nach West. Grenznahe BRD-Orte wurden von wahren Trabi-Lawinen heimgesucht, die Berliner Bahnhöfe Schönefeld und Lichtenberg waren tageweise, vor allem an den Wochenenden, völlig verstopft und Westberlin hatte in einem Monat mehr Besucher als sonst in einem ganzen Jahr.

Unter den vielen Spreeathen-Besuchern waren auch etliche Korswandter, denn jeder, der in einer westdeutschen oder Westberliner Bank seinen DDR-Personalausweis vorlegte, bekam ein Begrüßungsgeld von hundert D-Mark. Die wollte sich wohl keiner entgehen lassen.

Leipziger Montagsdemo im Herbst 1989

Die Montagsdemos hatten nicht aufgehört nach dem Mauerfall. Doch statt „Wir sind das Volk" hieß es jetzt immer öfter „Wir sind *ein* Volk".

Den Einheitswunsch griff Bundeskanzler Kohl bei seinem ersten offiziellen DDR-Besuch auf, als er vor der Ruine der Frauenkirche zu den zahlreich erschienenen Dresdnern sprach und unter anderem erklärte, dass die Einheit der Nation sein Ziel sei. Die Rede des Kanzlers wurde von den Versammelten mit stürmischen Beifall bedacht.

Bei der ersten freien und geheimen Volkskammerwahl am 18. März 1990 erhielt die CDU zur Freude ihrer großen Schwester im Westen mehr als 40 Prozent der Stimmen und bildete eine Koalitionsregierung.

Am 1. Juli 1990 wurde in der DDR die D-Mark eingeführt; damit war die Einheit praktisch besiegelt.

Mit Wirkung zum 3. Oktober 1990 trat am 23. August 1990 die DDR gemäß Artikel 23 des Bonner Grundgesetzes a. F. der Bundesrepublik Deutschland bei.

Im Zuge der Anpassung des Beitrittsgebietes an die Verwaltungsstruktur der BRD wurden die Bezirke aufgelöst, die alten Länder wieder eingeführt und die Kreise neu geordnet. Korswandt gehörte zunächst zum Landkreis Ostvorpommern und ab 2011 zum Landkreis Vorpommern-Greifswald im Bundesland Mecklenburg-Vorpommern.

Den Handel des täglichen Bedarfs betrieben jetzt anstelle von Konsum und HO Aldi, Penny und ähnliche Unternehmen. Korswandt hatte allerdings von Aldi und Co. nichts abbekommen, der nächstgelegene Einkaufsort war Ahlbeck. Da empfanden es manche schon als Erleichterung, dass wenigstens die Busse weiterhin fuhren. Versuche, im Dorf einen Lebensmittelladen zu betreiben, hatten keinen dauerhaften Erfolg.

Viele Landwirtschaftliche Produktionsgenossenschaften (LPG) lösten sich auf, manche wurden Gesellschaften mit beschränkter Haftung (GmbH) oder solche des bürgerlichen Rechts (GbR). Zwar konnten viele Bauern jetzt wieder über ihr Land verfügen, aber die Landwirtschaft auf der Insel Usedom kam weitgehend zum Erliegen, in Korswandt gab es irgendwann gar keine Bauern mehr. Das *Kuh*dorf hatte sich zum *Kur*dorf gewandelt.

Die Elektro-Firma Diebitz und Dürkoops Schmiede gab es auch nicht mehr, wer jetzt Arbeit suchte, fand sie am ehesten noch im Kur- und Erholungswesen oder im Gaststättengewerbe, auch in Korswandt.

Die meisten Kinderferienlager sind abgerissen worden, aber die Bungalows nahe der Mühle hinterm Tannenberg wurden renoviert und an Feriengäste vermietet. Das Lager am Gothenweg ist zu einer Hotelpension ausgebaut worden und in den Gebäuden des Minol-Lagers im früheren Landjahrlager entstand das Hotel Pirol.

Das altehrwürdige Idyll am Wolgastsee erstrahlte nach einem Umbau in neuem Glanz – jedoch ohne den großen Saal. Aber so oder so, das Idyll ist immer eine erste Adresse in Korswandt.

Bungalows des Ferienlagers hinterm Tannenberg 2010

Die Hotelpension am Gothenweg 2006

Hotel & Restaurant Pirol

In die jetzt wichtiger gewordene Orientierung des Dorfes auf das Kur-und Erholungswesen passte auch gut die Eröffnung des sehr geschmackvoll eingerichteten Eiscafés Helene im Waldhof am Wolgastsee, zumal nach der Wende etliche neue Ferienwohnungen und -häuser entstanden waren. In guten Sommern beherbergt Korswandt eine stattliche Anzahl von Gästen. Da können dann an heißen Tagen schon mal die Plätze knapp werden im Eiscafé.

Neue Ferienwohnungen wurden quer durchs Dorf eingerichtet, neue Häuser überwiegend am Gothenweg gebaut; sogar der frühere Sportplatz ist bebaut worden. Doch auch für die Einheimischen entstanden neue Wohnungen. Nachdem die Grenzer-Baracke abgerissen worden war, wurde dort die „Wohnanlage am Forsthaus" erbaut.

Allgemeiner Beliebtheit erfreut sich der Bootsverleih mit Gartenlokal am Wolgastsee. Hier ist sogar ab und an noch das Tanzbein geschwungen worden.

Das Eiscafé Helene

Neue Häuser am Gothenweg

Der Bootsverleih am Wolgastsee …

… und das Gartenlokal 2009

Das Hotel Pirol hat sich mit einigen Neubauten zum Golfhotel „Best Western Plus Hotel Baltic Hills Usedom" gemausert. Mit dem Bau des Golfplatzes zu beiden Seiten des Radwanderweges von Korswandt nach Garz war 2009 begonnen worden.

So brachte einigen Leuten ihr brachliegendes Ackerland doch noch einen kleinen Gewinn ein und dem einen oder der anderen bescherte das Golfen in Korswandt einen Arbeitsplatz.

Das neue Golf-Clubhaus mit Gastronomie 2009

Eine besondere Attraktion des Strandlebens in den Badeorten kommt aus – Korswandt: der „Kaiserbäder-Express". Mit einer „Bimmelbahn", die vor allem den Kindern gefällt, können Badegäste strandnah von Ahlbeck über Heringsdorf nach Bansin und ebenso von dort nach Ahlbeck fahren.

Ein Ableger des Korswandter Unternehmens agiert auch im polnischen Swinemünde und auf der Nachbarinsel Wollin.

Die Bimmelbahn bei der Heimfahrt auf dem Korswandter
Gothenweg im Sommer 2004 …

… und auf Tour in Swinemünde 2010

Zu allen Zeiten sind Korswandter, wie auch Ulrichshorster, in die Welt hinausgezogen und Fremde haben hier eine neue Heimat gefunden. Manche von denen sind wieder fortgegangen, die anderen sind geblieben. Auch dadurch hat sich der Charakter des Dorfes immer ein wenig verändert.

Seit 2006 ist in Korswandt wieder ein Künstler ansässig. Der ist aber nicht Kunstmaler, wie jener in den 1940er Jahren, sondern Kunstkeramiker und betreibt in dem früheren Anwesen der Familien Hermann und Boese auf dem Berg, schräg gegenüber von der stillgelegten Mühle, seine Werkstatt „Tonwerk Keramik".

Rechts im Bild das Domizil des Künstlers 2010

Mehr über das alte Korswandt steht in den Büchern *Memi* und *Minka*, in denen sich der Autor an seine Kinder- und Jugendzeit erinnert.

Ferner gibt es von Manfred Blunk das Wende-Tagebuch *Aufbruch ins Gestern,* die zwei Satire-Bändchen *Kunde aus Osmanien* und *Nachricht aus Barbarien* sowie den Religions-Essay *Hirten ohne Herde.*

manfred.blunk@web.de

Manfred Blunk

Memi

Kindheitserinnerungen an

Korswandt

Manfred Blunk

Minka

Meine Jünglingsjahre
in

Korswandt

Manfred Blunk

Aufbruch

ins

Gestern

Manfred Blunk

Kunde

aus

Osmanien

Manfred Blunk

Nachricht

aus

Barbarien

Manfred Blunk

Hirten ohne Herde

Ist die Kirche noch zu retten?